LEIPZIG

Ein verlorenes Stadtbild

zusammengestellt und bearbeitet
von Carla Calov

Wartberg Verlag

Fotonachweis:
Alle Fotos aus dem Stadtarchiv Leipzig

4. Auflage 1997

Druck: Werbedruck Schreckhase, Spangenberg
Buchbinderische Verarbeitung: Hollmann, Darmstadt

34281 Gudensberg-Gleichen, Im Wiesental 1
Tel.: 05603/4451 u. 2030
ISBN 3-86134-114-X

Vorwort

Leipzig zählte vor dem Zweiten Weltkrieg zu den größten Städten Deutschlands. Es hatte über 700 000 Einwohner und erstreckte sich auf einer Fläche von mehr als 140 qkm. Das umfangreichste Wachstum der Fläche und der Einwohnerzahlen kam durch die seit 1889 begonnenen Eingemeindungen zustande. Wenn aber die Leipziger damals und auch noch heute sagen: "Wir gehen in die Stadt", meinen sie das unmittelbare Stadtzentrum, aus dem die Stadt im Laufe der Jahrhunderte erwachsen ist. Dieses Zentrum ist nur etwa 1 qkm groß und zeigt noch heute eine sehr geschlossene Bebauung. Es wird umschlossen vom "Ring". Dieser "Ring" ist für alle Leipziger ein feststehender Begriff. Er bezeichnet eine Hauptverkehrsstraße, die sich wie ein Ring um das alte Stadtzentrum zieht. Aufgelockert wird er durch mehrere Plätze, deren größter der im Osten befindliche Augustusplatz ist. Etwa parallel zum Verlauf des Ringes befand sich die Stadtmauer und die Befestigungsanlagen der Stadt, die Ende des 18. Jahrhunderts abgerissen und in eine Promenade verwandelt wurden. Diese Promenade zieht sich noch heute in großen Teilen als schöne Grünanlage um das Stadtzentrum.

Wenn Leipzig auch nicht zu den am meisten zerstörten Städten gehörte, hatte es doch schmerzliche Verluste bei den Bombenangriffen auf die Stadt zu beklagen. Es gab Tausende Tote und Verletzte, rund 40 % des Wohnraumes und über ein Drittel aller öffentlichen Gebäude wurden zerstört.

Die Fotos in diesem Buch zeigen einen Teil des durch die große Bebauungswelle um die Jahrhundertwende, durch die Zerstörungen des Krieges und die Neugestaltung nach dem Krieg verlorenen Stadtbildes.

Bewußt habe ich mich auf das oben beschriebene Stadtzentrum und den Ring beschränkt und gehe nur in wenigen Beispielen einige Meter darüber hinaus. Ausgangspunkt der Sicht auf Leipzig ist das Neue Rathaus bzw. die Pleißenburg. Wir folgen dem Verlauf des Ringes und werfen dann einen Blick in das eigentliche Zentrum der Stadt. Vollständigkeit war nicht beabsichtigt und konnte auch nicht erreicht werden.

Foto oben: Die Pleißenburg wurde als Zwingburg des wettinischen Landesherrn gegen die Leipziger Bürgerschaft im 13. Jahrhundert gebaut. Hier fand 1519 die Disputation zwischen Martin Luther und Johann Eck statt. Mitte des 16. Jahrhunderts wurde die Burg unter Leitung von Hieronymus Lotter, dem Bürger- und Baumeister der Stadt, neu errichtet. In den nächsten Jahrhunderten war die Pleißenburg Garnision, Kunstakademie und Gefangenenlager, im Turm befand sich seit 1787 die Universitätssternwarte. 1895 erwarb die Stadt Leipzig das Gelände der Burg, um auf diesem ihr neues Rathaus zu errichten. Sie bezahlte dem sächsischen Staat dafür über 4 Millionen Mark und verpflichtete sich zum Kasernenneubau für die in Leipzig liegende Garnision.

Foto rechts: Vom Turm des Neuen Rathauses, der auf dem Turmstumpf der Pleißenburg 115 m hoch errichtet wurde, überblickt man das Stadtzentrum in nordöstlicher Richtung. Im Hintergrund erkennt man an ihren charakteristischen Türmen links das Alte Rathaus, in der Mitte die Nikolaikirche und rechts die 1968 gesprengte Paulinerkirche. Im Vordergrund ist noch deutlich die dichte Bebauung des Burgplatzes zu sehen, die im Zweiten Weltkrieg total zerstört wurde.

Nach dem Abriß der Pleißenburg erfolgte am 19.9.1899 die Grundsteinlegung zum Bau des Neuen Rathauses. Der Neubau des Rathauses war notwendig geworden, nachdem die Verwaltung der immer größer werdenden Stadt keinen Platz mehr im Rathaus am Markt fand. Zuerst dachte man an einen Erweiterungsbau über den Naschmarkt hinweg auf das Gelände des heutigen Handelshofes. Dafür hatte die Stadt dort schon Grundstücke gekauft. Andere waren für einen seperaten Neubau, wie er dann hier auf dem Gelände der Pleißenburg realisiert wurde. Dabei überlegte man auch ernsthaft, das alte Gebäude des Rathauses abzureißen, um dort ein Kaufhaus zu errichten. Für den Neubau des Rathauses wurde ein Wettbewerb ausgeschrieben. Unter mehr als 50 Bewerbern ging Hugo Licht, der Leipziger Stadtbaudirektor, als Sieger hervor. Er entwarf ein gewaltiges Gebäude, mit dem das Bürgertum seine Stärke und Macht ausdrücken konnte. Innen und außen wurden vielfältige Plastiken und Reliefs am Rathaus angebracht. Sie stammen von Künstlern wie z. B. Georg Wrba, Adolf Lehnert und Carl Seffner. Die Bau- und Ausstattungskosten lagen bei rund 8 Millionen Mark. Damit war es eines der teuersten Rathausneubauten seiner Zeit. Die offizielle Eröffnung war am 7.10.1905.
Die im Vordergrund sichtbare Südwestecke ist die eigentliche Schauseite des Rathauses, welche sich direkt am Ring befindet. Links neben dem Rathaus befindet sich das 1908-12 gebaute Stadthaus, das als Erweiterungsbau auch von Hugo Licht entworfen, aber in sehr viel einfacherer Form gefertigt wurde. Die rechts im Vordergrund befindliche Bebauung am Ring wurde im Krieg völlig zerstört. Auch das Neue Rathaus erhielt durch Bomben und Artilleriebeschuß Schäden.

Foto oben: Durch die Hugo-Licht-Straße schaut man auf den Burgplatz, der seinen Namen noch von der Pleißenburg hat. Links sieht man den Ostflügel des Neuen Rathauses, rechts das Gebäude der Deutschen Bank, 1898-1901 von Arwed Roßbach erbaut. Im Hintergrund erkennt man das 1901 errichtete Geschäftshaus, in welchem bis 1910 die Handelshochschule ihren Sitz hatte. Der Hörsaal wurde später als Konzert- und Vortragssaal genutzt und war unter dem Namen Feurichsaal bekannt. Der Vorgängerbau des Hauses gehörte der Loge Minerva zu den drei Palmen, die 1905 einen Neubau ca. 100 m entfernt an der Weststraße (s. S. 41) bezog. Das Geschäftshaus, wie alle anderen Gebäude am Burgplatz, außer dem Rat- und Stadthaus, fielen dem Krieg zum Opfer. Seit Anfang der 90er Jahre wird dort, wie an vielen anderen Stellen der Stadt, wieder intensiv gebaut. Der hier entstehende Neubau lehnt sich an den Bau von 1901 an.

Foto rechts: Links vorn im Bild ist noch ein Teil des Daches der Deutschen Bank zu sehen. Im Mittelpunkt der Aufnahme befindet sich das Panorama (s. a. nächste Seite). Dieses Gebäude, wie fast die gesamte Bebauung, die hier am Ring zu sehen ist, wurde im Zweiten Weltkrieg zerstört. Der links erkennbare südliche Abschnitt der Promenadenanlagen wurde Mitte des 19. Jahrhunderts von dem bedeutenden Landschaftsgestalter Peter Joseph Lenné geschaffen. Die Baustelle rechts im Vordergrund gehört zu dem 1927 fertiggestellten Elektrizitäts-Unterwerk Mitte.

Am Roßplatz befand sich das 1884 von dem Architekt Hermann auf dem Gelände des ehemaligen Ratszimmerhofes errichtete Panorama *(auf dem Foto oben, links im Bild)*. Es zeigte in seinem oberen Stockwerk bis in die 20er Jahre großflächige Rundgemälde, meist vom Deutsch-Französischen Krieg 1870/71. Im Erdgeschoß befand sich eines der größten Leipziger Restaurants, im Keller Weinkellereien und Weinprobierstuben. Die Städtische Markthalle oder Zentralmarkthalle *(Foto oben, rechts im Bild und Foto unten)* wurde unter Leitung Hugo Lichts 1890/91 erbaut. Ihre Ausmaße betrugen am Roßplatz 35 m, an der Markthallenstraße 95 m und an der Brüderstraße 130 m. Die Gesamtfläche betrug 8745 qm. Wie auf einem riesigen überdachten Marktplatz konnten an insgesamt 1162 Ständen Lebensmittelhändler und bäuerliche Produzenten aus der Umgebung Leipzigs ihre Waren feilhalten. Gehandelt wurde mit Fleisch, Wurst, Geflügel, Fisch, Obst, Gemüse, Blumen, Pflanzen, Molkereiprodukten, Backwaren, aber auch Holz-, Korb-, Topf-, Seiler-, Böttcherwaren und Pantoffeln. Trotz ihrer großen Fläche war die Markthalle fast immer ausgebucht, v. a. an den traditionellen Markttagen Dienstag, Donnerstag und Sonnabend. In Vorbereitung dieses kolossalen Baues wurde 1888-90 die gesamte mit Wohnhäusern bebaute Straßenseite der Windmühlengasse, der späteren Markthallenstraße abgerissen. Anstelle der Markthalle und des Panorama befinden sich heute Grün- und Parkflächen.

Foto oben: Vom Königsplatz ist nach den Zerstörungen des Zweiten Weltkrieges nur noch eine freie Fläche übriggeblieben. Nur die beiden Gebäude im Hintergrund existieren noch. Das mittlere elfachsige Gebäude ist das alte Grassimuseum. Es wurde aus der Stiftung des Leipziger Kaufmanns Franz Dominic Grassi durch Hugo Licht 1893-95 erbaut und beherbergte das Völkerkunde- und Kunstgewerbemuseum der Stadt. Nachdem aus Platzgründen das Museum Mitte der 20er Jahre in ein neues Gebäude am Johannisplatz umgezogen war, wurde das ehemalige Museumsgebäude mit dem Messehaus in der Härtelstraße zum Grassi-Textilmessehaus vereinigt. Der Umbau erfolgte 1922-24 durch den damaligen Stadtbaurat James Bühring. Nach dem Krieg von der Verwaltung eines Chemieanlagenbaubetriebes genutzt, beherbergt das Gebäude seit 1991 die Leipziger Stadtbibliothek.

Foto unten: Im Gebäude Windmühlenstraße 1-5 befand sich das Kaufhaus der Gebrüder Fried. Dieses Gebäude wurde 1908 erbaut und im Zweiten Weltkrieg zerstört. Links im Hintergrund ist noch ein Stück der Markthalle zu erkennen.

Theatertexte
hier käuflich
Die Grenzboten
te Nachrichten
Mitteldeutschlands
Leipziger Aben
Nachmittagsblatt mit groß
Frische Blum
Schüttauf
Dauerfahrer
100
THEIMER
Sommer-Fahrpläne
DIE DAME

Das Foto zeigt einen kleinen Platz an der Windmühlenstraße in Richtung Bayerischer Bahnhof. Die Straße hinter dem Zeitungskiosk, in der sich Müllers Weinstube befand, ist die Liebigstraße, die Straße rechts im Bild, hinter der Litfaßsäule, die Turnerstraße. Heute treffen diese Straßen nicht mehr aufeinander, da hier eine Verbreiterung und geschlossene Bebauung der Windmühlenstraße erfolgte. Die Stelle befindet sich etwa an dem Fußgängerdurchgang zwischen dem Eckgebäude der Bebauung Grünewaldstraße/ Windmühlenstraße und dem Wohnblock Windmühlenstraße Richtung Nürnberger Straße.

Emil Sattler
Kaffeeschank

Foto links: Windmühlenstraße in Richtung Königsplatz. Einige Häuser hatten hier Anfang des 20. Jahrhunderts noch vorstädtischen Charakter. Links sind die Vorgängerbauten des späteren Kaufhauses Fried (s. S. 11) zu sehen. Das kleine Haus Nr. 9 blieb als letztes Haus der alten Bebauung bis zum Krieg stehen. Diese Straßenseite der Windmühlenstraße wurde nach den Kriegszerstörungen nicht wieder bebaut.

Foto oben: Ein Teil des Roßplatzes mit Blick in die Seeburg- und Sternwartenstraße. Links im Bild das seit 1891 bestehende Gasthaus "Wartburg", Roßplatz 10. In der Mitte das Haus Sternwartenstraße 1. Schon im Vorgängerbau befand sich hier eine Bäckerei, weshalb er auch "Goldene Bretzel" genannt wurde. Auch von der hier zu sehenden Bebauung hat nichts den Krieg überdauert. Heute befinden sich an dieser Stelle die in den 50er Jahren gebauten Wohnhäuser am Roßplatz. Direkte Zugänge zur Seeburg- und Sternwartenstraße bestehen nicht mehr.

Die Fotos zeigen den Roßplatz als einen Teil des "Ringes". Deutlich sind die Anlagen der Promenade erkennbar, die auch heute zum großen Teil noch bestehen. Der Roßplatz hat seinen Namen von den noch bis ins 19. Jahrhundert hier stattfindenden Pferdemärkten. Wie auf den Fotos zu sehen, bildete der Roßplatz schon vor Jahrzehnten einen Verkehrsknotenpunkt in der Stadt.

Auf dem *linken Foto* blickt man zum Rathausring, heute Martin-Luther-Ring, mit dem Neuen Rathaus von seiner Südostseite im Hintergrund. Ganz links das 1889 erbaute Cafe Bauer, welches in seinem Hintergebäude eine Reithalle mit Ställen beherbergte, und das Klubhaus der Gesellschaft Harmonie, das 1887 unter Leitung Arwed Roßbachs errichtet wurde. Diese Häuser sowie alle Häuser, bis auf das Hochhaus im *rechten Bild*, wurden im Zweiten Weltkrieg zerstört. Das Hochhaus ist das Europahaus am Augustusplatz, welches jetzt als Versicherungsgebäude genutzt wird. Das 1929 erbaute Europahaus ist einer der ersten Stahlbetonbauten in Leipzig. Heute befinden sich zum Neuen Rathaus hin die Grün- und Parkflächen des Roß- und Wilhelm-Leuschner-Platzes mit dem in den 80er Jahren erbauten Bowling-Zentrum und in Richtung Augustusplatz die schon erwähnte Ringbebauung.

Chlorodont

Foto oben: Die Städtische Schule für Frauenberufe befand sich auf den Mauern der Moritzbastei. Diese wurde nach dem Schmalkaldischen Krieg Mitte des 16. Jahrhunderts durch Hieronymus Lotter errichtet. 1796 begann man unter Leitung Friedrich Carl Dauthes mit dem Umbau der alten Festungsanlage zur ersten städtischen Bürgerschule. Der Bau konnte erst nach Dauthes Tod 1834 beendet werden. Diese Schule wurde 1875 in die obengenannte Frauenberufsschule umgewandelt, die auch im Krieg zerstört wurde. Fast 30 Jahre lagen die mit Trümmern gefüllten Gewölbe der ehemaligen Bastei brach, bis sie von Studenten der Leipziger Universität, auf der Suche nach einem eigenen Klub, entdeckt wurden. Seit 1974 wurden diese durch die Studenten, in größtenteils freiwilliger, unbezahlter Arbeit zu einem heute noch bestehenden Studentenklub ausgebaut.

Foto rechts: Die Luftaufnahme des Augustusplatzes zeigt den Platz, der mit seinen 4 ha als einer der größten innerstädtischen Plätze Deutschlands gilt, in seiner unzerstörten Schönheit. Bis auf einige Gebäude entlang der Goethestraße, im Foto rechts oben, ist davon nichts mehr erhalten. Im Mittelpunkt dominiert das spätklassizistische Neue Theater, 1864-68 in den Anlagen des Promenadenringes errichtet. Mit seiner Rückfront geht es in die Grünflächen um den Schwanenteich über. Der Zuschauerraum verfügte über 1700 Sitz- und 300 Stehplätze. Die Bühnenanlage war mit damals modernster Technik ausgestattet. Gegenüber wurde 1856-58 das Bildermuseum errichtet. Da es sich schon wenig später als zu klein für die vorhandenen Sammlungen erwies, wurde nach Entwürfen Hugo Lichts 1883-86 ein Um- und Erweiterungsbau ausgeführt. Da man keine Auslagerungsmöglichkeiten für das wertvolle Museumsgut hatte, mußte es während der Bauphasen im Haus bleiben, wodurch der Bauablauf kompliziert wurde. Rechts die Gebäude der Universität mit der Paulinerkirche, die im Mai 1968 der neuen Platzgestaltung weichen mußte und sinnloserweise gesprengt wurde. Als erstes Hochhaus in Leipzig wurde das Krochhochhaus 1927/28 am Augustusplatz errichtet. Auf dem Hochhaus, welches an den Uhrenturm am Marcusplatz in Venedig erinnert, befindet sich eine Plastik, bei der noch heute überlebensgroße Figuren die Glocke schlagen.

Das Neue Theater repräsentiert sich hier im Festschmuck anläßlich des 100. Jahrestages der Völkerschlacht bei Leipzig im Oktober 1913. Im Vordergrund ist der Mendebrunnen zu erkennen, der heute an ähnlicher Stelle auf dem Augustusplatz vor dem Neuen Gewandhaus steht. Er wurde 1886 zum Teil aus dem Vermächtnis der Marianne Pauline Mende nach einem Entwurf Adolf Gnauths errichtet. Bedingt durch den Tod Gnauths wurde der Brunnen unter Leitung Hugo Lichts fertiggestellt. Die Figuren stammen von Jakob Ungerer aus München. Nach der Umgestaltung des Platzes wurde der Brunnen 1982 vor dem Neuen Gewandhaus wieder aufgestellt. An der Stelle des Neuen Theaters befindet sich heute das 1960 als erster Theaterneubau der DDR eröffnete Opernhaus.

Der Augustusplatz war auch schon zu früheren Zeiten beliebter Sammelplatz der Leipziger und ihrer Gäste. Im Herbst 1989 zogen hier die mächtigen Demonstrationszüge vorbei, die die Wende in der DDR einleiteten. Das im Hintergrund zu sehende Augusteum war das Hauptgebäude der Universität. Die Leipziger Universität, 1409 gegründet, bekam das Gelände des ehemaligen Dominikanerklosters vom Landesherrn nach der Reformation 1544 geschenkt. 1836 wurde das Augusteum eingeweiht, 1896 durch Arwed Roßbach umgestaltet. Heute steht hier das Sektionshochhaus und andere Neubauten der Universität.

Oscar Hayner
Lager von Oefen, Herden u. Eisenwaaren.
AMEND & SCHULZE
HOTEL
KUNSTHANDLUNG.
THEATER-PASSAGE
HERMANN VOGEL
Lederwaren

Die Goethestraße entlang des Augustusplatzes, hier noch ohne das 1909/10 für die Dresdner Bank errichteten Gebäude. Links ist der Eingang der Theaterpassage, benannt nach dem Durchgang von der Ritterstraße zum Neuen Theater, zu erkennen, die auch im Nachfolgebau, dem schon erwähnten Krochhochhaus, ausgeführt wurde. Die Grundstücke der alten Gebäude in der Mitte der Aufnahme waren mit den Häusern in der Ritterstraße verbunden und gehörten der Universität. Der Name "Schwarzes Brett" bezieht sich deshalb auch auf die schwarzen Anschlagtafeln der Fakultäten.

Foto folgende Seite: Die Nordostecke des Augustusplatzes mit dem Blick den Georgiring entlang, zeigt noch einmal links das Neue Theater mit den dahinter liegenden Anlagen. Rechts sieht man eine Anzahl stattlicher Gebäude mit der 1836-38 errichteten Hauptpost im Vordergrund. Dieser Bau Albert Geutebrücks wurde 1881-84 im Neorenaissancestil umgebaut. Die Post, wie auch alle anderen auf dem Foto zu sehenden Gebäude, fielen der Bombardierung Leipzigs zum Opfer. Die gesamte rechte Straßenseite wurde in den 60er Jahren mit Neubauten versehen.

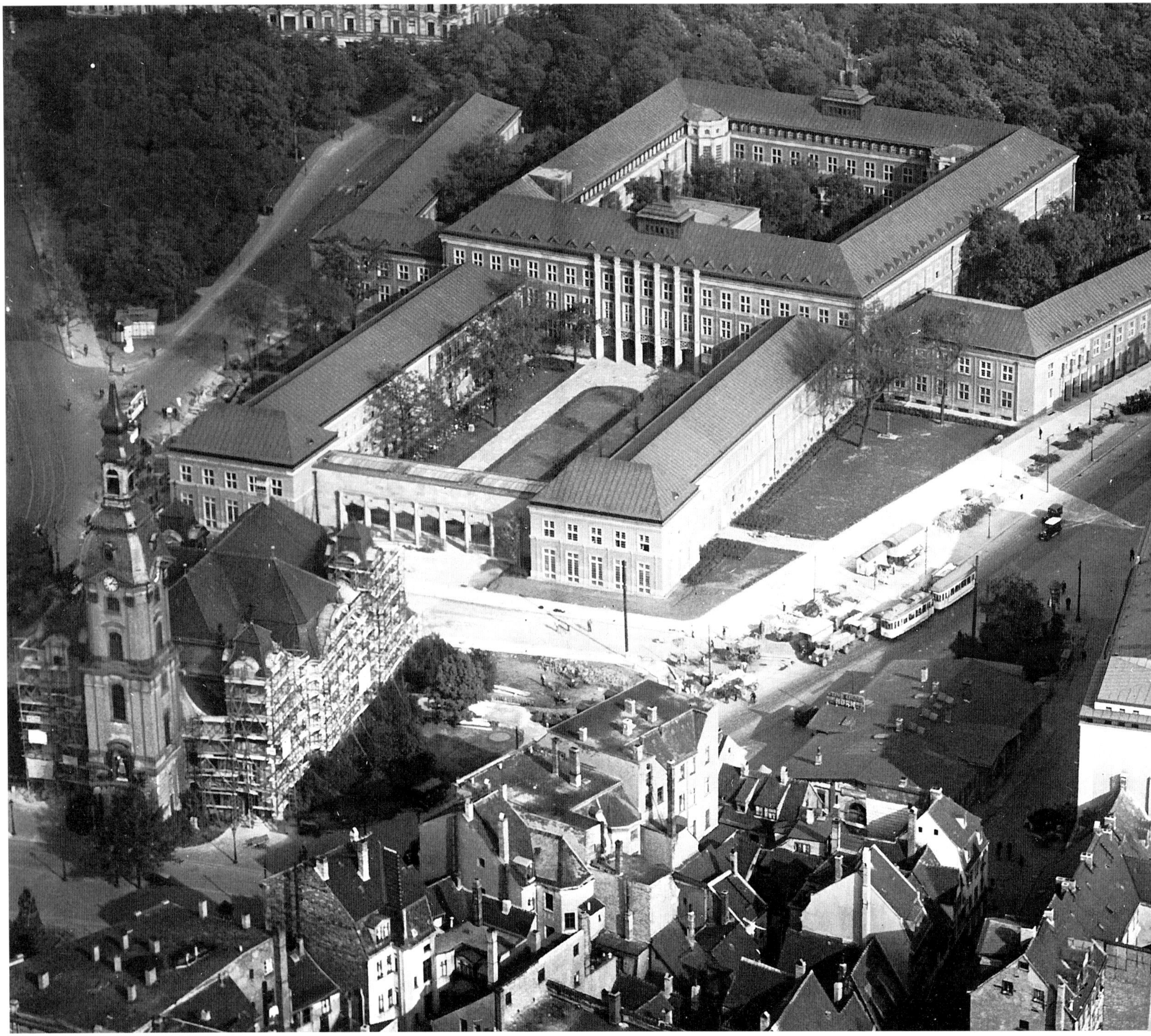

Foto links: Links im Vordergrund die im Krieg zerstörte Johanniskirche. Der Turm wurde Mitte des 18. Jahrhunderts durch George Werner errichtet. Das Kirchenschiff ist ein Neubau vom Ende des 19. Jahrhunderts, nach Entwürfen Hugo Lichts. Die Reste des zerstörten Kirchenschiffs wurden 1949 abgetragen, der barocke Turm jedoch gesichert. Bei der neuen Platzgestaltung wurde aber auch dieser 1963 gesprengt, obwohl mehrere Entwürfe ihn in die Bebauung einbeziehen wollten. Hinter der Kirche befindet sich das neue Grassimuseum, 1925-27 von Stadtbaurat Hubert Ritter u. a. errichtet. Darin befinden sich das Kunstgewerbe-, das Völkerkunde- und das Musikinstrumentenmuseum. Es wurde auf dem Gelände des Johannishospitals und einem Teil des 1883 geschlossenen Alten Johannisfriedhofes errichtet. Die im Hintergrund erkennbare Anlage gehört zu diesem ehemaligen Friedhof, dessen Reste als Kulturdenkmal erhalten bleiben sollten. Auf dem Friedhof befand sich auch das Grab Johann Sebastian Bachs, bis er 1885 in der Johanniskirche neu beigesetzt wurde. Nach der Zerstörung der Kirche erfolgte eine erneute Umbettung in die Thomaskirche.

Foto oben: Vor der Johanniskirche befand sich das von Johannes Schilling geschaffene Reformationsdenkmal. Es wurde zum 400. Geburtstag Luthers am 10.11.1883 enthüllt. Die Bronzefiguren zeigen Martin Luther und Philipp Melanchton. 1943 wurden die Bronzefiguren eingeschmolzen, der Sockel nach dem Krieg entfernt.

Fotos links: Im oberen Foto sieht man die Bahnhofstraße, den späteren Georgiring, an der Einmündung der Wintergartenstraße vor und - im unteren Foto - nach Errichtung des Hauptbahnhofes. Im Zuge des Neubaues änderte sich auch die Gestaltung des Ringes in der Nähe des Bahnhofes. Die linke Straßenseite wurde teilweise abgerissen, auch das dort befindliche Hotel Stadt Rom. Es bekam dafür 1909 den unten abgebildeten Neubau. Im abgerissenen Vorgängerbau des Hotels logierte Anton Bruckner im Dezember 1884 anläßlich der Uraufführung seiner Siebenten Symphonie in Leipzig. Im Zweiten Weltkrieg wurde der Hotelneubau zerstört, die Ruine 1969 abgerissen. Das 1911 gegenüber errichtete Hotel ist im Gegensatz dazu noch heute erhalten.

Foto rechts: Auch in der Gerberstraße ist heute keine alte Bebauung mehr vorhanden. Die Straße wurde aus Richtung Blücherplatz fotografiert. Links im Vordergrund ist der Eingang zum Hotel Palmbaum zu erkennen. Die Gerberstraße hatte ihren Namen von dem hier konzentrierten Handwerk. Heute ist sie wesentlich verbreitert und eine der Hauptausfahrtsstraßen in nördlicher Richtung.

Kaufen sie nur Lipsia-Senf.
Hermann Bach-Nachf.
Adolf Schütz
Gerberstrasse 34
Klempnerei für Bau- u. Wasseranlagen
Reparaturen werden schnell u. billig ausgeführt.
Gustav Richter
Jalousien- u. Rollladen-Fabrik
Gerberstrasse 34.
Pelzwaren
Neu u. Möbel gebraucht
Billigste Bezugsquelle
Gerberstrasse 5
Neben Hotel Palmbaum
Karl Obenbigler
Schlafzimmer
Möbelfabrik Friedrich Rose
Mark 195
Weinstuben zum Dürkheimer.

VICTORIA
HOTEL HOTEL
OTTO ROMSTEDT

Foto links: Der Blücherplatz existiert in der abgebildeten Form nicht mehr. An ihm stand der 1884-87 von Hans Enger und Karl Weichardt errichtete Neubau der Handelsbörse. Im Stil der italienischen Hochrenaissance gebaut, umfaßte er eine Fläche von 2400 qm. Ganz links im Bild ist der Turm der Reformierten Kirche zu erkennen. Diese Kirche wurde 1896-99 nach Plänen Georg Weidenbachs und Richard Tschammers für die seit etwa 1700 in Leipzig bestehende reformierte Gemeinde erbaut. Beim Bombenangriff am 4.12.1943 ausgebrannt, wurde sie 1946-50 wieder aufgebaut.

Foto oben: Das Alte Theater war eines der ältesten festen Theaterbauten in Deutschland. Es wurde auf den Ruinen der Rannischen Bastei erbaut und im Oktober 1766 eröffnet. Zu diesem Zeitpunkt verfügte Leipzig aber schon über mehr als zwei Jahrhunderte Theatertradition. 1817 wird das Theater im klassizistischen Stil durch Johann Jacob Friedrich Weinbrenner umgebaut. Nach dem Bau des Neuen Theaters pflegte man hier hauptsächlich die Schauspieltradition. Etwa an der Stelle des Theaters befindet sich heute die Fußgängerbrücke Goerdelerring/Tröndlinring. Links im Bild sieht man wieder den Turm der Reformierten Kirche, diesmal jedoch von der anderen Seite.

ELDORADO
TAURANT.
CIGARREN
CARL FLATAU.
CIGARETTEN
Geschäftshaus-Neubau
G. Weidenbach und R. Tschammer

Foto links: Am Ende des Tröndlinringes, am Eingang in die Pfaffendorfer Straße befinden wir uns an der äußersten Nordwestecke des Ringes. In der Pfaffendorfer Straße ist noch der Giebel des Gesellschaftshauses Eldorado zu sehen. Das Eckgrundstück wurde 1912 neu bebaut. Anstelle des Nachbargebäudes wurde 1926 das Ring-Messehaus errichtet.

Foto oben: Das Naundörfchen war eine im 11. Jahrhundert entstandene deutsche Siedlung, die 1503 durch den Rat der Stadt Leipzig gekauft wurde. Es lag in einem Winkel zwischen Pleiße und Mühlgraben. Von der zum Fleischerplatz führenden kleinen Brücke, dem Naundörfchensteg, sieht man die Rückfront der kleinen, teilweise noch aus dem 17. Jahrhundert stammenden Häuser. Neben der Brücke befand sich am Fleischerplatz die 1881 gebaute Hauptfeuerwache, wodurch das Hinweisschild an der Brücke zu erklären ist.

Foto oben: Von der Matthäikirche schaute man über die Dächer der Stadt Richtung Nordwest. Links am Schulplatz steht das 1837-39 errichtete Gebäude der II. Bürgerschule, in dem sich seit 1924 das Naturkundemuseum der Stadt befindet. Das Haus daneben existiert nicht mehr, dort befindet sich jetzt die große Kreuzung Goerdelerring, Jahnallee, Pfaffendorfer Straße. Links am Schulplatz ist ein Teil des noch offenliegenden Pleißemühlgrabens zu sehen. Rechts erkennt man wieder den Turm der Reformierten Kirche.

Foto rechts: Der Töpfermarkt fand hinter den Gärten der Kleinen Fleischergasse, entlang des Thomasringes, dem späteren Dittrichring, statt. Diese Häuser wurden 1906 abgebrochen. 1909/10 wurde hier der nach seinem Erbauer und Besitzer benannte Wünschmann-Hof erbaut. Die Straße links führt zum Matthäikirchhof.

HANS SCHNEIDER
Café-Garten
Robert Quasthoff

MÜLL

Foto links: Durch die Anlagen führte eine Treppe vom Ring hinauf zum Matthäikirchhof. Links zweigte die Töpferstraße ab, rechts befand sich Müllers Hotel.

Foto oben: Die Matthäikirche, bis zur Reformation zum Franziskanerkloster gehörend, wurde 1494-1504 erbaut. Vorher stand an dieser Stelle schon eine ältere Kirche. Nach der Reformation diente sie als Lagerhaus und verfiel immer mehr. Ende des 17. Jahrhunderts wurde sie als Barockbau unter dem Namen "Neukirche" wieder aufgebaut. In der napoleonischen Zeit diente sie als Kriegsgefangenenlager, nach 1813 als Lazarett. 1879/80 wurde sie im gotischen Stil umgebaut. Beim Matthäikirchhof handelt es sich um das älteste Siedlungsgebiet Leipzigs. Die Matthäikirche wurde 1943 zerstört, der Matthäikirchhof unter Beseitigung der stadthistorischen Topographie überbaut.

Foto folgende Seiten links: 1906 wurden die Wohnhäuser der Kleinen Fleischergasse abgebrochen, um den 1909/10 errichteten Neubauten Wünschmanns Hof und Lipsiahaus Platz zu machen (s. S. 35). Die im Hintergrund links der Matthäikirche zu sehenden Häuser wurden nur wenige Jahre später für den Neubau der Feuerversicherungsanstalt abgerissen. Dieses Gebäude nutzte nach dem Krieg die Bezirksverwaltung Leipzig des Ministeriums für Staatssicherheit der DDR.

Foto folgende Seiten rechts: Die Kleine Fleischergasse mit Blick zur Matthäikirche. Links im Bild das oben erwähnte, 1910 errichtete Lipsiahaus, davor der 1913 von Max Lange geschaffene Brunnen. Ganz rechts ist der Ausleger "Zum Kaffeebaum" zu erkennen. Das Haus stammt von 1570, seit 1711 ist ein Kaffeeausschank in diesem Gebäude nachweisbar. Damit ist es das älteste erhaltene Kaffeehaus Leipzigs. Es wurde 1718/19 durch Adam Jacob umgebaut. Über dem Eingang befindet sich noch heute eine interessante Sandsteinplastik, die einen unter einem Kaffeebaum sitzenden Türken zeigt.

Variété

Monatsgarderobe
Therese Schröder

Konzern „Vaterländische" Elberfeld
Versicherungen aller Art
WELT-THEATER
Zum Kaffeebaum
Milchhalle

Foto links oben: Das Foto zeigt den Rathausring. Die mittlere Bebauung wurde vor dem Ersten Weltkrieg abgerissen und 1914/15 ein noch heute erhaltenes und zur Zeit in Restaurierung begriffenes Geschäftshaus nach Entwürfen von Peter Dybwad errichtet. Das Haus im Vordergrund wurde im Zweiten Weltkrieg zerstört.

Foto links unten: Die alte Thomasschule wurde 1902 abgerissen, um Bauplatz für die neue Superintendentur zu schaffen. Sie war die Wirkungsstätte Johann Sebastian Bachs als Thomaskantor. Als Schule des Thomasstifts im 13. Jahrhundert gegründet, kam sie 1543 nach der Reformation in städtischer Verwaltung. 1731/32 wurde die Schule in der hier abgebildeten Form umgebaut. 1877 zog die Schule in das neugebaute Gebäude in der Schreberstraße um. Vor der Schule ist das alte Bachdenkmal zu erkennen, welches 1843 Felix Mendelssohn Bartholdy errichten ließ. Links im Hintergrund die Thomaskirche vor dem Umbau ihrer Westfassade. Diese der Promenade zugewandte Seite wurde ab 1885 durch Johann Wilhelm Constantin Lipsius im neugotischen Stil umgestaltet.

Foto rechts: Die katholische Kirche zur heiligen Dreieinigkeit wurde mitsamt aller in der Umgebung liegenden Bauten durch die Bombardements des Zweiten Weltkrieges zerstört. Sie wurde 1845-47 nach einem Entwurf von Carl Heideloff, Nürnberg, gebaut. Bis zur Einweihung der neuen Kirche hatte die Katholische Gemeinde ihren Gottesdienst in der gegenüberliegenden Pleißenburg abgehalten. Am Westgiebel sieht man den 54 m hohen Turm, flankiert von zwei kleinen Treppentürmchen am Giebel. Links von der Kirche verlief die Weststraße, rechts die Rudolphstraße.

Foto links: Im Mittelpunkt der Aufnahme steht das 1888-95 errichtete Reichsgericht. Im Grundkonzept ähnelt der 126 m lange und 76 m breite Bau dem wenige Jahre vorher entstandenen Reichstag in Berlin. Der Architekt Ludwig Hoffmann gestaltete unter Mitarbeit Peter Dybwads das Reichsgericht im Stil der italienischen Renaissance. Besondere Kennzeichen sind die beiden Innenhöfe, die 68,5 m hohe, mit einer die Wahrheit symbolisierenden, fackeltragenden Figur gekrönte Zentralkuppel auf dem Mittelteil des Gebäudes und der gewaltige Portikus am Eingang. Nach dem Zweiten Weltkrieg wurden hier das Museum der bildenden Künste, das Georgi-Dimitroff-Museum und das Sächsische Staatsarchiv Leipzig untergebracht. Nach und nach soll das Gebäude wieder für die Justiz freigelenkt werden. Hinter dem Reichsgericht links ist das 1884 eingeweihte und im Krieg zerstörte Gewandhaus sichtbar. Rechts daneben die 1891 eröffnete Universitätsbibliothek mit dem gut erkennbaren Kuppellesesaal. Noch im April 1945 zerstört und seitdem als Teilruine weitergenutzt, soll die Bilbiothek jetzt in alter Schönheit wiederaufgebaut werden.

Foto oben: Vor dem Reichsgericht führte der bis Anfang der 50er Jahre offene Pleißenmühlgraben entlang. Heute wird dieser Platz als Parkfläche und Grünanlage genutzt. Es gibt aber Bestrebungen, die Pleiße hier und an anderen Stellen wieder ans Licht zu holen.

Foto links: 1882-84 wurde nach Entwürfen Martin Gropius' und Heinrich Schmiedens ein neues Konzerthaus in der Grassistraße gebaut. Der alte Saal im Gewandhaus, von welchem das Orchester seinen Namen hat, war für das musikbegeisterte Bürgertum der sich ausweitenden Stadt zu klein geworden. Der Neubau erhielt, wie auch das heutige Gebäude am Augustusplatz, den traditionellen Namen "Gewandhaus". Der große Saal hatte etwa 1500, der kleine, dem alten Gewandhaussaal nachgebildete Kammermusiksaal, etwa 650 Plätze.

Vor dem Gewandhaus befand sich das am 26.5.1892 eingeweihte Mendelssohn-Denkmal. Die 3 m hohe Bronzefigur zeigt Felix Mendelssohn Bartholdy am Dirigentenpult. Sie wurde von Werner Stein geschaffen. Die Figur an der Vorderseite symbolisiert die Muse umgeben von musizierenden Engeln. Mendelssohn wurde von seinen Verehrern als einer der bedeutensten Gewandhauskapellmeister und Gründer des Leipziger Konservatoriums geehrt. Da Mendelssohn Jude war, gab es auch immer wieder Angriffe gegen das Denkmal, die sich während der Zeit des Nationalsozialismus verstärkten. Der Abriß erfolgte in einer Nacht- und Nebelaktion im November 1936 unter Ausnutzung der Abwesenheit von Oberbürgermeister Goerdeler. Der Verbleib des Denkmals konnte trotz umfangreicher Nachforschungen nach dem Krieg nicht mehr geklärt werden.

Foto rechts: Zurück zum Zentrum der Stadt. Links ist die Thomaskirche, rechts der Markt mit der Alten Waage und dem Alten Rathaus zu erkennen. In der Mitte dominiert das 1927-29 zwischen Burg- und Petersstraße entstandene Messehaus Petershof.

Foto links: Die Burgstraße mit dem Blick auf den Turm der Thomaskirche. Die Kirche wurde 1482-96 als eine der ersten im Stil der obersächsischen spätgotischen Hallenkirchen erbaut. Am gleichen Platz stand schon ein älterer Kirchenbau des 1212 gegründeten Augustiner-Chorherrenstifts. 1702 wurde der Turm durch Johann Gregor Fuchs mit einer barocken Turmhaube versehen, die im Zweiten Weltkrieg zerstört wurde. 1950 wurde sie anläßlich des 200. Todestages Johann Sebastian Bachs in alter Form wieder aufgesetzt. Rechts im Vordergrund der Aufnahme befindet sich das Restaurant Thüringer Hof. Es verfügte über 17 Säle mit über 2000 Plätzen. Auch dieses Gebäude wurde im Krieg zerstört und bis 1949 nur teilweise eingeschossig instandgesetzt. Dieser Teil soll jetzt abgerissen und die Gaststätte nach historischem Vorbild aufgebaut werden.

Foto rechts: Im Vordergrund sieht man das Modehaus Polich. An dieser Stelle wurde 1937 das Merkurhaus errichtet. Dahinter, an der Ecke Schloßgasse, ist der Giebel des Klingerhauses erkennbar. Der Vater des Leipziger Malers, Grafikers und Bildhauers Max Klinger ließ dieses Gebäude 1887/88 nach Plänen Arwed Roßbachs errichten.

Links im Bild noch einmal das Warenhaus Polich. In der Mitte sieht man das 1886-88 von Max Hosak im Stil der italienischen Renaissance für die Deutsche Reichsbank erbaute Gebäude, welches an einen florentinischen oder venezianischen Palazzo erinnert. Heute befindet sich hier die Landeszentralbank.

Die Petersstraße ist eine der wichtigsten Geschäftsstraßen der Leipziger Innenstadt. Sie führt vom Markt Richtung Süden. Ihr Name erinnert an die ehemals hier stehende Peterskapelle. In Leipzig bildeten sich aus den typischen Durchgangshöfen Ende des 19., Anfang des 20. Jahrhunderts immer mehr Passagen heraus.

Die *Aufnahme rechts oben* zeigt die zur Schloßgasse führende Juridicum-Passage in der Petersstraße 36, die zu dem Neubau 1881 geschaffen wurde. Seit 1506 hatte hier die juristische Fakultät ihren Sitz. Das Haus wurde im Krieg zerstört. Heute befindet sich an dieser Stelle etwa der Durchgang vom Burgplatz zur Petersstraße.

Das *Foto rechts unten* zeigt den Vorgängerbau der Petersstraße/Ecke Peterskirchhof kurz vor dem Abriß. 1914-16 wurde hier das noch heute existierende Messehaus Stenzlers Hof gebaut. Der links im Bild sichtbare Kastenerker wurde dabei erhalten und in die Hofgestaltung einbezogen.

Im *Foto rechts außen* ist erkennbar, daß Werbung keine Erfindung unserer Zeit ist.

Sprechapparate
Berckholtz
Feuerwerk
Odeonwerke
Weissensee-Berlin
Schallplatten Musikapparate
Violin Nadel
das Beste
der Gegenwart
Heize mit Oel
Heyden-Oel-Brenner
Vorgeführt
'11 Peterssstr '11
Ernst Goldmann
Fabrik feiner Spielwaren.
Sprechmaschinen-Nadeln
Wunderlich & Baukloh
ISERLOHN.
Gustav Hermes
41
Neu! Apparat Neu!
"Hermann Müller"
erzeugt Eis-mouß-Getränke
Tonarme
Rotophot
Rotophot
Rotophot
Sander's
Renaissance Baukasten
Franz Sander Co.
Wolff & Lucius
Leipzigs Papiermesse
Bruno Ullrich
Haus-Segen
Operngläser

PHOTO
Winter
Photo
Winter
J. Strobel
Schirmfabrik
Strobel
Schirme
JULIUS STROBEL
Stöcke
Hermann
Bank

Auch diese beiden Aufnahmen zeigen die Petersstraße. *Links* sieht man in Richtung Markt. Die Häuser der rechten Seite wurden im Zweiten Weltkrieg zerstört. 1949/50 entstand hier der erste Messehausneubau (Messehaus Messehof) nach dem Krieg, der durch eine Passage die Petersstraße mit dem Neumarkt verbindet. Etwa in der Mitte des Bildes ist Hohmanns Hof zu erkennen. Der barocke Durchgangshof zum Neumarkt wurde 1729-31 für den Kaufmann Peter Hohmann durch George Werner errichtet. Während der Messen war die Petersstraße schon vor über 50 Jahren stark besucht *(Foto rechts)*. Rechts im Bild ist der Eingang zu einer weiteren Passage, der Steckner-Passage, zu erkennen. Sie führte zum Thomaskirchhof und wurde zur Entlastung der damals noch sehr schmalen Thomasgasse geschaffen.

Foto links oben: Die Aufnahme zeigt die Thomasgasse schon in breiterer Form mit Blick zum Thomaskirchhof/Klostergasse. Im Hintergrund befindet sich der Vorgängerbau des 1903/04 errichteten Warenhauses, welches z. Z. restauriert wird. Links wieder die Steckner-Passage, rechts das 1894/95 erbaute Bismarckhaus. Gut erkennbar an der Ecke das Bildnis des Reichskanzlers Fürst Bismarck.

Foto links unten: Thomasgasse/Ecke Thomaskirchhof. Im Hintergrund ist noch das Eckgebäude der Steckner-Passage zu erkennen. Alle Häuser wurden im Krieg zerstört, heute befinden sich dort Grünflächen.

Foto rechts: Die Luftaufnahme zeigt den Markt und damit das Herzstück Leipzigs. Links das Alte Rathaus, im Hintergrund rechts die Thomaskirche. Links hinten ist der Gebäudekomplex des Petershofes zu erkennen. Auf dem Marktplatz links der Eingang zum Untergrundmessehaus, rechts das 1888 eingeweihte, nach einem Entwurf von Rudolf Siemering geschaffene Siegesdenkmal. Die Gebäude an der Süd- und Westseite des Marktes wurden zum größten Teil Opfer der Bombenangriffe.

Foto oben: Der Markt, wie er zur Messe aussah. Im Vordergrund rechts der Eingang zur Untergrund-Messehalle, die 1924 zur Erweiterung der Ausstellungsfläche gebaut wurde. Es ist das erste Untergrundmessehaus der Welt. Der Eingang wurde aus rotem Rochlitzer Porphyrtuff von Otto Droge gestaltet. 1986-88 wurde die Messehalle umfassend durch einen polnischen Baubetrieb rekonstruiert. Auch heute wird sie für vielfältige Ausstellungszwecke genutzt. Dahinter steht das Alte Rathaus, es wurde 1556 durch Hieronymus Lotter erbaut. Es ist eines der schönsten Renaissance-Rathäuser Deutschlands. 1744 wurde der Turm im barocken Stil erhöht. Nach dem Umzug der Verwaltung in das Neue Rathaus wurde es 1906-08 umgebaut und dient seit 1911 als stadtgeschichtliches Museum. Bei dem Bombenangriff am 4.12.1943 schwer beschädigt, wurde es schon bis 1948 wieder aufgebaut. Die Häuser in der Nachbarschaft zur Katharinenstraße wurden alle im Krieg zerstört.

Foto rechts: Vom Markt blickt man in die Katharinenstraße, die hier zu einem Königsbesuch geschmückt ist. Links das Gebäude der Alten Waage, die 1555 errichtet, auch Hieronymus Lotter zugeschrieben wird. An der Marktseite hatte sie einen vorgesetzten Treppenturm, der 1861 abgebrochen wurde. Nach der Zerstörung im Zweiten Weltkrieg wurde der Giebel an der Marktseite 1963/64 rekonstruiert, die Ansicht zur Katharinenstraße modern gestaltet.

60

Von der Grimmaischen Straße sieht man in die Nikolaistraße zur Nikolaikirche. Sie ist im 12. Jahrhundert im Zusammenhang mit der Stadtrechtsverleihung entstanden und wurde dem Schutzpatron der Kaufleute, dem heiligen Nikolaus, geweiht. 1513-26 wurde sie im spätgotischen Stil zu einer dreischiffigen Hallenkirche umgebaut. Der achtseitige Mittelturm wurde 1555 durch Hieronymus Lotter aufgesetzt und 1730-34 mit einer barocken Bekrönung versehen. In den letzten Jahrzehnten wurde die Kirche innen und außen restauriert. Die in der Nikolaikirche veranstalteten Friedensgebete waren der Ausgangspunkt der friedlichen Revolution im Herbst 1989 in Leipzig. Die Häuser im Vordergrund wurden im Krieg zerstört und durch Neubauten ersetzt. An dem linken Neubau befindet sich die Kopie des Fürstenhauserkers (s. S. 58, Foto unten).

Foto oben: Neumarkt mit Blick zum Peterskirchhof. Auf diesem Gelände stand bis 1867 der Marstall des Rates. Die Grundstücke rechts im Vordergrund wurden 1912-14 in den Neubau des Kaufhauses Althoff, dem heutigen Karstadt-Warenhaus, einbezogen.

Foto unten: Der Neumarkt im belebten Messetrubel. Links der Eingang zur Mädlerpassage, die 1912-14 nach Entwürfen Theodor Kössers für den Fabrikanten Mädler auf den Grundstücken von Auerbachs Hof als Messepalast errichtet wurde. Sie führt zur Grimmaischen Straße. In der Passage befindet sich auch heute noch das traditionsreiche Restaurant Auerbachs Keller, für das historische Kellerräume in den Neubau einbezogen wurden. Es hat seine Berühmtheit v. a. durch Goethes Faust erhalten, an den auch die Innengestaltung des Restaurants und bronzene Figurengruppen in der Passage erinnern. Im Hintergrund sind der 1912-14 durch Emil Franz Hänsel errichtete Zentralmessepalast und das 1908/09 durch Georg Weidenbach und Richard Tschammer erbaute Messehaus Handelshof in der Grimmaischen Straße zu erkennen. Die Häuser rechts im Bild wurden alle im Zweiten Weltkrieg zerstört.

Foto oben: Die Universitätsstraße, rechts das Haus Große Feuerkugel. Das Haus, um 1700 entstanden, war eines der ältesten Durchgangshäuser der Stadt. Der Durchgang führt zum Neumarkt (s. S. 57, Foto unten). Seinen Namen erhielt es, nachdem während der schwedischen Belagerung 1642 ein Brandgeschoß das Haus getroffen hatte. Im 19. Jahrhundert wurde das 3. und 4. Obergeschoß aufgesetzt. In dem Haus wohnten in ihren Leipziger Jahren Gotthold Ephraim Lessing und Johann Wolfgang Goethe.

Foto unten: Das Fürstenhaus in der Grimmaischen Straße 30 wurde 1558 von Paul Wiedemann erbaut. Mit seinen beiden Erkern gehörte es zu den schönsten Renaissance-Bürgerhäusern der Stadt. Im Krieg zerstört, konnten die Erker bei Abbruch der Ruine geborgen werden. Sie dienten als Vorlage für die heute am Neubau Grimmaische Straße 17 angebrachte Kopie eines der Erker.

Foto oben links: Das Gebäude der Nikolaischule am Nikolaikirchhof wurde 1511/12 gebaut und 1730-47 erweitert. 1872 zog die Nikolaischule in ein neues Gebäude in der Königstraße, welches auch im Zweiten Weltkrieg zerstört wurde. Nach Auszug der Schule waren in dem hier abgebildeten Gebäude zeitweise die Ortskrankenkasse, verschiedene Samariterverbände, Polizei- und Sanitätswachen untergebracht. Seit Jahrzehnten laufen Bemühungen, dieses Gebäude zu rekonstruieren. In den letzten Jahren wurde mit Hilfe einer Stiftung mit dieser Aufgabe begonnen. Rechts im Vordergrund ist noch eine Ecke der Nikolaikirche zu sehen.

Foto oben rechts: Der Blick führt in die Nikolaistraße vom Brühl in Richtung Nikolaikirche.

Foto unten: Specks Hof wurde zwischen 1908 und 1929 in drei Bauabschnitten nach Entwürfen Emil Franz Hänsels errichtet. Es ist mit drei Passageneingängen zum Nikolaikirchhof, zum Schuhmachergäßchen und zur Reichsstraße ausgestattet. In den 80er Jahren rekonstruiert, wird es seit der Privatisierung völlig umgestaltet. Das Eckhaus rechts im Bild gehörte zu Deutrichs Hof und wurde im Zweiten Weltkrieg zerstört. Zur Zeit befindet sich dort ein Büroneubau.

erg & Lippold.
Commission.
Destillation
Steh-Bierhalle
Stellenvermittlung
Emil Junghänel.
Gastwirts-Personal.
Gelegenheitskäufe
Portieren. Decken.
Kleiderstoffe
M. Pfefferblüth.

Auf dieser Aufnahme ist die Nikolaistraße Richtung Brühl in einer gewissen Umbruchstimmung zu sehen. Einige der Häuser sind zu dieser Zeit schon neu gebaut, einige sind noch die Vorgängerbauten. Das Haus Nr. 43, etwa in der Mitte der Aufnahme, ist der Blaue Hecht und beherbergte schon seit dem 16. Jahrhundert einen Gasthof. Daneben ist noch eines der ganz schmalen Leipziger Häuser zu sehen. 1912 entsteht auf den Grundstücken 39 bis 45, also von der Bierhalle links im Bild bis zu jenem schmalen Haus, ein Geschäftshausneubau, auf den der alte Hausname "Blauer Hecht" übertragen wurde. Im Anschluß an das schmale Haus ist schon ein 1907-09 errichteter Neubau erkennbar, das später nach seinem Besitzer "Selters Haus" benannte Gebäude. Diese Neubauten ,wie fast alle Geschäftshäuser in der Nikolaistraße und dem Brühl, dienten dem Pelzhandel.

Oskar Eichhorn
Geraer
Greizer
Elsasser

Foto links: Dies ist die andere Straßenseite der Nikolaistraße in Richtung Brühl. Auch hier handelt es sich noch um Vorgängerbauten der heutigen Bebauung. Das Grundstück des Hauses mit dem Erker wurde 1910 mit in Oelsners Hof, einen gewaltigen Gebäudekomplex mit Durchgang zur Ritterstraße, einbezogen. Die anschließenden Grundstücke werden 1907 in einem Geschäftshausneubau vereinigt, der nach seinem Besitzer und Erbauer Felix Steib, Steibs Hof benannt wurde.

Foto rechts: Das Eckgebäude befand sich in der Reichsstraße/Ecke Schuhmachergäßchen neben Deutrichs Hof. Dort wurde 1909 das Riquethaus errichtet. Rechts im Bild ist gerade noch ein Stück des Vorgängerbaues von Specks Hof zu sehen. Beim Abbruch dieses Hauses 1907 wurde einer seiner Renaissanceerker gerettet und an der 3. Bürgerschule am Johannisplatz angebracht. Leider wurde auch diese Schule ein Opfer der Bombenangriffe.

Foto links oben: Die Aufnahme zeigt das im 16. Jahrhundert durch Hieronymus Lotter errichtete Gebäude der Fleischbänke in der Reichsstraße. Es hatte einen Durchgang zum alten Burgkeller. 1907 erfolgte der Abriß, da auf diesem Gelände der zweite städtische Messehausneubau, der heutige Handelshof, entstehen sollte.

Foto rechts oben: 1909 wurde das auf der vorherigen Seite gezeigte Gebäude durch diesen interessanten Neubau, dem Riquethaus, ersetzt. Riquet war damals eine bekannte Leipziger Schokoladenfabrik, deren Markenzeichen, der Elefant, dieses Gebäude auch ziert. Insgesamt hat der Architekt Paul Lange an diesem Jugendstilhaus asiatische Motive verwandt, um auf die weitläufigen Handelsbeziehungen der Firma zu verweisen. Der schöne Dachaufbau wurde im Krieg zerstört und nicht wieder aufgebaut. Links daneben sieht man die Ansicht Reichsstraße von dem schon um 1650 errichteten Deutrichs Hof, der sich bis zur Nikolaistraße hinzog. Auch dieses Gebäude wurde im Krieg beschädigt und 1968 abgerissen.

Foto rechts: Auch diese Häuser in der Reichsstraße standen bei der Aufnahme kurz vor dem Abriß. 1910 erfolgte hier der Neubau eines Geschäftshauses, auf den der alte Hausname "Zur goldenen Traube" übertragen wurde. Im Krieg wurde die Reichsstraße fast vollständig zerstört und ist heute mit Wohn- und Bürohäusern bebaut.

euer.
Pelzwaren en gros
Confection
Nach erfolgtem Neubau für Juni 1910 sind hier
moderne Läden u. Geschäftsräume
in beliebiger Grösse zu vermieten.
Näheres bei Otto Riehl, Architekt, Leipzig, Frankfurterstr. 29. Fernspr. 221
Menasche 32
Spitzen
Stickereien
Blusen
Partiewaren
Ch. Menasche
Reichsstr. 32
Ch. Menasche
Partiewaren aller Art.
34.
Fensterreinigungs-Anstalt der vereinigten Glasermeister Leipzigs
Während des Umbaues vom 1. Oktober 1909 ab Reichsstr. 14 IN LÖHRS HOF Alexander Schwarz Siegellackfabrik
Monats-Garderobe 1. Etage.
Fernspr. 5770
L. Blauner
Monats-Garderobe
Monats-Garderobe Leo Blauner 1. Etage
Anzügen u. Fracks
1. Etage
E. Pineus

Abend-Tisch
I. Etage
Tapezierer
Wilhelm Möller
Decorateur
MAX
Hille
MAX
Hille
Gelegenheitskäufe
Möbelstoffe
Kleiderstoffe
Teppiche
Gardinen
Portieren
Leinenwaren
Gelegenheitskäufe
Verkauf I. Etage
Hermann Weigler
21 I. Etage
GROSSER
Stores Vitragen
AUSVERKAUF
wegen Abbruch des Hauses
Teppiche Gardinen Portieren Möbelstoffe
I. Etage 21
Herm. Enke.
Läden u. Geschäftslokale
Näheres bei den Besitzern
Export
Musikwerke
Engros
Ernst Holzweissig Nachf.
GLITZNER & Co
Glitzner
III
4849

Foto links: Auch in der Reichsstraße 21 war wieder Ausverkauf vor Abbruch der Bebauung angesagt. Der Neubau von 1915 wurde wie alle Nachbargebäude ein Opfer der Bomben. Heute befinden sich hier Wohnbauten bzw. der Sachsenplatz. Am Erker des Hauses rechts im Bild ist eine Inschrift aus dem 17. Jahrhundert, “Soli deo gloria”, zu erkennen, nach der das Haus teilweise benannt wurde.

Fotos oben: Das Schicksal der Zerstörung erlitt auch der Alte Hof in der Reichsstraße 27. Der Erker mit dem runden Abschluß wurde um 1680 angefügt, das Haus selbst ist wesentlich älter. In ihm wurde bei der Rekonstruktion 1928 die alte Holzarchitektur des Hofes mit den durch zwei Stockwerke offenen Galerien wiederhergestellt. Das Gebäude lag an der Ecke Goldhahngäßchen, welches heute durch die Platzgestaltung nicht mehr existiert.

Foto links: Im Griechenhaus, Katharinenstraße 4, befand sich seit dem 18. Jahrhundert ein Bethaus der Hellenisch-Griechischen Gemeinde. Das Haus stammte noch aus gotischer Zeit, der Holzerker wurde 1680 angebaut. Diese Straßenseite wurde während des Krieges fast vollständig zerstört. An dieser Stelle befindet sich heute der schon erwähnte Wohnblock zur Reichsstraße.

Foto rechts: Katharinenstraße 16 war eines der schönsten barocken Bürgerhäuser der Stadt. Das Haus war im Auftrag Peter Hohmanns von Gregor Fuchs begonnen worden. Als er 1715 verstarb, wurde es wie die Nachbarhäuser Nr. 12 und 14 durch Christian Döring fertiggestellt. Auch diese Häuser fielen wie die gesamte Straßenseite den Bomben zum Opfer. Heute erstreckt sich hier der Sachsenplatz.

Foto oben: Die Katharinenstraße mit den letzten Häusern Richtung Brühl. Das Haus im Vordergrund, Katharinenstraße 20, zeigt einen Renaissanceerker. Auf die beiden unteren älteren Stockwerke wurden in der 2. Hälfte des 17. Jahrhunderts zwei weitere aufgesetzt und das Haus mit breiten Ornamentstreifen versehen. Wie schon erwähnt, erfolgte hier keine Neubebauung nach dem Krieg.

Foto links: Brühl vom Hallischen Tor Richtung Nikolai- und Goethestraße. Der Brühl war das traditionelle Pelzzentrum der Stadt. Fast an allen Häusern kann man Werbung von Rauchwarenhändlern erkennen. Das mittlere Haus rechts ist das 1866 nach Entwürfen August Friedrich Viehwegers erbaute Geschäftshaus Lomer. Die Fassade der modernen Eisenbaukonstruktion wurde durch neogotische Elemente geschmückt. Auch diese Häuser gehören zu den Verlusten des Zweiten Weltkrieges am Brühl.

LOESER & WOLF
Cigaretten
ELIAS OHMANN
H
Haltestelle

Foto links: Brühl von der Nikolaistraße zur Goethestraße. Die Gebäude links nach dem Eckhaus wurden komplett im Krieg zerstört. An dieser Stelle befindet sich jetzt die Rückfront des Hotels Leipzig. Im Hintergrund ist ein Übergang zu erkennen, der die Georgenhalle, im Hintergrund rechts, und das Gebäude der Allgemeinen Deutschen Creditanstalt, links, verband. Beide Gebäude existieren nicht mehr.

Foto rechts oben: Die Tuchhalle, Brühl 2, wurde 1837 zwischen der Hainstraße und der Großen Fleischergasse erbaut. Seit der Zerstörung im Krieg stehen hier nur barackenähnliche Flachbauten.

Foto rechts unten: Der Brühl in Richtung Hainstraße. Links im Bild das 1910 neu erbaute Geschäftshaus "Roter Löwe". Nach der Einmündung der Reichsstraße das Gebäude der Bekleidungsfirma Hollenkamp. Beide Häuser wurden im Zweiten Weltkrieg zerstört. Etwa an der Stelle des Roten Löwen befindet sich heute ein Bürogebäude, nach der Reichsstraße erstreckt sich der Sachsenplatz. Auch die rechte Straßenseite wurde zum großen Teil zerstört. Hier befinden sich heute Wohnhochhäuser.

Foto folgende Seite: Die Adler-Apotheke in der Hainstraße gehört zu den ältesten Apotheken der Stadt. 1909 wurde durch Karl Müller-Schleußig ein Neubau für die Apotheke errichtet. Teilweise konnte die historische Ausstattung bis heute erhalten werden. Eine Gedenktafel erinnert daran, daß 1841-42 Theodor Fontane hier als Apotheker gearbeitet hat. Das Haus rechts neben der Apotheke wurde auch Anfang des Jahrhunderts durch einen Neubau ersetzt. Die beiden Häuser rechts am Bildrand existieren noch, befinden sich aber in sehr schlechtem Zustand.

HOF-
Apotheke
zum weissen Adler.
offe
Apotheke
Hof
Apotheke
Information
eipziger Kunstblumen-
FABRIK.
C.H. Reichert
Rahmen-Fabrik.
Wein-Stuben
Marie Kramer
J. Müller
PEBECO
Sanatogen
DALLI